✦

*writing about
me*

✦

나를 이해하는 마법의 질문글쓰기 100

내 마음 묻기
내 마음 듣기

김애리 지음

여름의서재

✦ 좋은 질문은 삶을 바꿉니다

코로나로 전례 없는 위기를 겪었던 지난 시간. 저는 오프라인에서 진행하던 글쓰기 수업을 온라인으로 바꾸고, 매달 30명에 가까운 적지 않은 분들과 모여 책을 읽고 글을 썼습니다. 우리 모두 너무도 갑작스럽게 닥친 팬데믹을 어떻게 받아들여야 하는지 막막한 상태였고, 앞으로도 찾아올 예고 없는 위기들은 또 어떻게 건너야 할지 한없이 갑갑했어요.

그렇게 어찌어찌 코로나가 극성이던 1년을 꼬박 글을 쓰며 보냈는데요. 모니터를 사이에 두고 그렁그렁한 눈물이 보일 정도로 스스로에게 그 시간이 아름답고 뜻깊었음을 고백하는 분들을 많이 만났습니다. 맞아요, 저 역시도 함께 글을 쓴 그 시간 덕에 코로나를 잘 버틸 수 있었습니다. 그만큼 값진 경험이었어요.

도대체 어떤 글쓰기 수업을 한 건지 궁금하시다고요? 사실 저는 그들에게 단지 '질문'을 던졌을 뿐이에요. '이렇게 살아야 한다', '저걸 해야 한다'라며 특별한 방법을 제시하지 않았어요.

대신 각자의 내면에 숨어 있는 것을 잘 발견할 수 있는 '질문들'을 매일 하루도 빠짐없이 전달했어요. 어쩌면 대부분의 질문들이 살면서 한 번도 누군가에게 듣지 못한 것들이었을 거예요. 그중에는 스스로에게도 던져본 적 없는 질문들도 많을 테고요.

그 질문들은 제가 20년 가까이 글을 쓰며 나 자신과 내 삶을 향해 끝없이 묻던 질문들이기도 했습니다. 많은 시간 나약하고, 비겁하고, 겁에 질려 있던 나 자신에게, '그럼에도 불구하고' 뜨겁게 사랑한다는 고백의 변주이기도 했어요. 어떤 방황 속에서도 나로 사는 것을 포기하지 않는 것, 이것이 제가 생각한 최고의 자기계발이자 자기사랑이었기 때문이죠. 그 '자기사랑'의 핵심은 바로 자기이해에 있다고 믿었고, 자기이해를 위해서는 스스로를 천천히 돌아볼 수 있는 글쓰기가 반드시, 반드시 필요하다고 생각했습니다.

많은 분들과 함께 글을 쓰며 상투적이고 무성의한 답변에는 돌직구를 날리기도 했어요. 그렇게 해서는 평생 원하는 것이 무엇인지 발견하지 못한다고 말이지요.

진솔하게 내 안을 들여다볼 용기만 있다면 모든 준비물은 갖춰진 것이라고 매일 외쳐대기도 했어요. 한 번뿐인 인생, 제대로, 멋지게 살아보고 싶다면 일단 우리 모두는 자기 자신이 누구인지부터 알아야 한다고 끝없이 잔소리를 쏟아내면서요.

글쓰기 모임에 참석한 분들은 사는 곳도, 나이도, 직업도 제각각이었어요. 대부분이 30~40대 여성분이었지만 50세가 훌쩍 넘은 분들도 몇몇 계셨고 남성분도 몇 분 참석해주셨지요. 나이가 얼마든 그간 어떤 삶을 살았든 사실 모두의 바람은 똑같았습니다.

'이제라도 나답게 살고 싶다'는 것. 하지만 '나다운 삶.' 그게 저절로 주어질 리는 없지요. 매일매일 글을 쓰며 고3 수험생처럼 치열하게 지나온 삶을 돌아보고 앞으로의 시간을 고민해야만 합니다.

쉽고 단순한 길이 아니에요. 어떤 질문은 짧고 가볍게 끝낼 수가 없을 거예요. 몇몇 분은 실제로 직면할 용기 대신 중도 포기를 선택하기도 했어요. 하지만 글쓰기 수업을 함께해준 300여 명에 가까운 분들에게서 저는 한 가지 확신을 얻었습니다. 그것은 바로 좋은 질문은 삶을 바꾼다는 확신이에요. 과거 제 삶을 바꿨던 질문들이

다른 많은 이들의 인생도 똑같이 뒤흔들고 바꾸어주었으니까요.

좋은 직업을 갖고, 많은 돈을 벌고, 좋은 집에서 멋진 차를 타고
사는 것. 물론 이런 것들도 중요합니다. 하지만 그 모든 것의 중심
에는 바로 '나'가 있어요. 꿈을 이루고 상처를 치유하고 사람들을
만나 깊은 관계를 맺으며 원하는 삶을 살아가는 것. 이 모든 행위
의 주체는 바로 '나', 나 자신입니다. 이 모든 것을 꿈꾸고 이루어
갈 대단하고 중요한 '나' 말이에요. 그런데 그런 '나'에 대해 얼마
나 알고 있나요? 그런 '나'를 알기 위해 어떤 노력을 했나요?

하지만 괜찮습니다. 이제부터라도 나에 대한 관심과 사랑을 기울
이면 되니까요. 이 책에 담긴 100개의 '질문글쓰기'를 시작해보세
요. 살아온 지난 시간을 돌아보고, 살아가는 현재를 촘촘히 기록
해봅시다. 그렇게 살아갈 날들을 '나답게' 계획하는 거예요.
그거면 충분합니다. 나에 대한 사랑과 믿음, 나에 대한 질문과 기
록부터 시작해보는 거예요.

이 책과 함께 시작될 여러분의 놀랍고 아름다운 변화를 저도 힘
껏 응원하겠습니다.

질문글쓰기 노트
사용법

이 책은 어떤 조언이나 답변을 들려주는 노트가 아닙니다. 스스로 답을 찾을 수 있도록 고안한 질문들을 정리한 코칭북입니다. 반드시 내면 깊이 들어가 각자의 문제에 대한 각자의 해답을 찾으시기 바랍니다. 저는 그 과정을 안내하는 안내자 역할을 맡겠습니다.

이 책에는 자신감, 자존감, 내면아이 치유, 습관 관리, 목표 관리, 자기사랑, 어른의 자아 찾기(두 번째 직업 찾기), 감정 관리, 돈 관념까지 총 10가지 주제에 대해 12주 동안 나에게 던지는 질문을 담았습니다.

- 매일 아침, 일정한 시간에 작성해주세요.
- 내면의 목소리를 들을 수 있는 조용한 시간에 혼자 있을 수 있는 장소에서 글을 써주세요.

● 이 글의 유일한 목표는 하루에 단 **10분**이라도 자신과 대화하는 시간 속에서 스스로에 대한 깊은 이해와 사랑을 품는 것입니다. 스스로를 속이면 멀리 가지 못합니다. 형식도, 룰도 없습니다. 오직 '진실'되게 작성하세요. 현재 내 마음, 상황과 직면하지 못하면 변화는 일어나지 않습니다. 헤매면서 경험하고 본 모든 것이 나의 자산이 되었을 거예요.

매일 아침 100일, 100번의 반복. 같은 일을 100번 반복하면 그것은 우리 삶의 무기가 됩니다. 여러분은 아주 강력한 무기 하나를 손에 넣은 셈이에요. 그 무기는 바로 '자기이해'라는, 세상에서 가장 귀하고 의미 있는 무기입니다.

'나 전문가'는 이 세상에 나 하나뿐입니다. 좋은 미래를 위한 최고의 스펙은 '자기이해'를 바탕으로 한 자기사랑, 자기믿음입니다. 지금까지 많이 헤맸나요? 그래도 괜찮아요. 헤매면서 경험하고 본 모든 것이 나의 자산이 되었을 거예요. 이제 다시 시작입니다.

질문글쓰기에
앞서

'더 나은 사람'이 되는 것보다 '나를 아는 사람'이 되는 것이
더 필요해요. 왜냐면 '나'를 알아야 '나'를 다룰 수 있기
때문입니다. 인생은 자신을 계속 알아가는 과정입니다.

오은영, 《화해》 중에서

여러분, 잘 지내고 계신가요? 나는 정말 잘 지내고 있는 게 맞나
요? 본격적으로 질문글쓰기를 시작하기에 앞서, 잠시 10초간 자
문자답하는 시간을 가져볼게요. 조용히 앉아 나 자신에게 이렇게
물어보는 겁니다.

"○○야, 정말 잘 지내고 있니?"

'잘' 지낸다는 것은 무엇을 의미할까요? 일을 잘하고, 육아와 살
림을 잘 꾸려가는 것을 뜻할까요? 제가 생각하는 '잘 지낸다'의

의미는 스스로의 마음을 잘 들여다보고 면밀히 보살피는 것을 의미해요. 나의 몸과 마음 상태가 어떠한지 늘 관심을 가지고 살고 있다는 뜻이기도 하고요. 그게 가능하다면 지금 현재 나에게 진짜 필요한 것이 무엇인지 알고 제대로 건넬 수 있으니까요.

그렇다면 다시 한번 질문을 던질 테니 잠시 나 스스로에게 물어봅니다.

"○○야, 정말 잘 지내고 있니?"

나와 잘 지내기 위해 필요한 것은 나를 잘 아는 것입니다. 지금 내 '진짜' 마음이 어떠한지, 내 몸은 언제, 무엇을 필요로 하고 있는지 이해하는 거죠.

가족이나 친구의 안부를 묻기에 앞서, 나 자신의 안부부터 물어보세요. 다음 16가지 질문을 통해 현재의 나 자신을 솔직하게 점검하는 시간부터 갖겠습니다.

나에게 묻는
안부

01. 지금 나에게 가장 필요한 것은 무엇인가요?

02. 지금의 나를 얼마만큼 좋아하는지 솔직하게 적어보세요. '오늘의 나'가 마음에 드나요? '고치고 싶은 것, 버리고 싶은 부분'이 있다면 무엇인가요?

03. 우울하거나 슬플 때는 주로 무엇을 하나요? 나는 내 슬픔과 우울을
어떻게 처리하는지 돌아보세요.

04. 지금 나를 힘들게 하는 관계가 있나요? 있다면 그 사람의 어떤 점이
나를 힘들게 만드는지 솔직하게 적어보세요.

05. 지난 6개월간 내가 만든 소중한 변화들은 무엇인가요?

06. 우리 모두의 인생 시간표는 각자 다릅니다. 타고난 기질과 성격, 환경에 따라 다를 수밖에 없고, 달라야 합니다. 그렇다면 내 인생 시간표 중에 남들보다 느리다고 생각하는 것은 뭐가 있나요? 또 남들보다 빠르다고 생각하는 것은요? 그것의 장단점도 함께 적어보세요.

07. 내가 부자가 되어야 하는 이유, 꿈을 이루어야 하는 이유를 적어보고,

그게 어렵다면 꼭 이루고자 하는 나의 꿈이나 목표를 짧은 문장으로 만

든 뒤 종이에 적어 잘 보이는 곳에 두세요. 이미지를 붙여서 '비전 보드'

로 만드셔도 좋습니다.

08. 나의 재능은 무엇인가요? 가장 잘하는 일, 가장 자신 있는 일들을 기

록해보세요.

내 마음 묻기 내 마음 듣기

09. 내 칭찬을 마구 해봅시다. 나의 장점, 강점, 남다른 경험, 내적 자질, 외모도 좋고 성격도 좋습니다. 5분간 '미친 듯이' 나를 자랑하는 스피치를 한다고 생각하고 나의 좋은 점, 멋진 점을 마구 적어보세요. ─

10. 주변 관계 개선을 위해 필요한 일들은 무엇인지 고민해보세요. 타인과의 관계 맺기에서 늘 맞닥뜨리는 함정이나 걸림돌은 무엇인가요? ─

11. 내가 원하는 내 모습을 수식하는 문장 하나를 적어보세요. 이를테면 '나 ○○○는? 더 깊이, 더 많이 사랑하는 사람' 이렇게요.

12. 여러분이 원하는 '내 삶을 정의하는 한 줄'은 무엇인가요? 어떤 사람으로 살고 싶은가요? 어떤 사람으로 기억되길 원하나요?

13. 삶은 자신이 내뱉은 말대로 그려집니다. 나의 한계를 만드는 잘못된 말 습관은 무엇이 있나요? 오늘은 내가 더 이상 나에게 하지 않을 말 3가지를 당당히 선포해보세요.

14. 나에게 용기를 주는 말 5가지나 경험을 통해 직접 배운 삶의 교훈 혹은 성공 노하우가 있나요?

15. 나의 3년 계획을 완성해보세요. 일(가정)/재정(부)/자기계발/건강(정신 건강 포함)/인간관계 대략 5가지 항목으로 나누어(각자 상황에 따라 추가하거나 빼세요) 써보세요. 완성하고 싶은 가장 큰 목표를 하나만 작성하거나, 각각의 항목을 좀 더 구체적으로 작성하셔도 됩니다.

일(가정)	
재정(부)	

자기계발	
건강	
인간관계	

16. 앞으로 1년 후, 2년 후, 3년 후 나의 계획을 구체적으로 완성해보세요.

1년 후

일(가정)	
재정(부)	

자기계발	
건강	
인간관계	

2년 후

일(가정)	
재정(부)	
자기계발	
건강	
인간관계	

3년 후

일(가정)	
재정(부)	
자기계발	
건강	
인간관계	

나와의
약속

✦ 삶을 긍정적으로 바꾸는 100가지 질문,
　　100번의 질문글쓰기

자, 이제 마음의 준비 되셨나요?

매일 아침, 100일간, 100번의 질문글쓰기를 할 준비 되셨나요? 연속 3차례 이상 건너뛰지 않고 성실히 해나갈 것을 약속해주세요.

나에 대해 그 어떤 비평과 비난도 하지 않고 모든 걸 수용하는 평화와 사랑의 시간을 보낼 것을 약속해주세요.

루틴을 가지고 이 노트를 작성할 시간과 장소를 정해보세요.

시간 _____

장소 _____

그리고 나의 목표와 다짐을 적어보세요.

나의 다짐 ————————————————————————

나의 목표 ————————————————————————

Chapter 1

'나'를 알기

당신의 마음은 꽃과 같아요.

그냥 피어나도록 내버려두세요.

당신이 원하는 것은

당신 마음속에서 당신을

기다리고 있어요.

때가 왔습니다.

엘리자베스 레서

《부서져야 일어서는 인생이다》 중에서

매일 아침, 질문글쓰기

내면아이 치유

자기 존재에 주목을 받은 이후부터가

제대로 된 내 삶의 시작이다.

정혜신,《당신이 옳다》중에서

◆

　　살면서 단 한 번이라도 스스로에게 조건 없는 사랑과 믿음을 전해준 적이 있는지 솔직하게 돌아보세요. 혹은 누군가로부터 간절히 사랑받기를 원했지만 한 번도 제대로 충족되지 못한 그 사랑을 스스로에게 건넨 적이 있는지도요. 여기에 자신 있게 대답할 수 있는 사람은 많지 않습니다. 슬프지만 제가 오랜 시간 많은 분들과 글쓰기 작업을 진행하며 깨달은 것도 그거예요. 나 자신을 있는 그대로 사랑하는 사람은 거의 없다는 것.

하지만 괜찮습니다. 언제라도 너무 늦은 때란 없는 법이니까요. 삶의 진정한 변화는 사실 지금 이 순간, 변화하고자 마음먹은 순간부터 시작되거든요.

이번 글쓰기는 내면 치유에 관한 글쓰기입니다. 자기사랑과 내면 치유가 무슨 상관이 있냐고요? 있는 그대로의 나를 받아들이고 사랑하기 위해서는 내 안의 가장 어두운 곳을 반드시 바라봐야만 하거든요. 누가 봐도 자랑스럽고 멋질 때의 나 말고, 초라하고 소심하고 외로운 내 손을 기꺼이 잡아줄 수 있느냐가 중요합니다. 상처 입은 내 모습, 끝도 없이 가라앉는 무거운 감정, 여전히 헤매는 갑갑한 나 자신. 그래서 이번 글쓰기는 결코 쉽지 않아요. 열등감과 수치심이 올라와 도망가고 싶다는 분들도 꽤 많았습니다. 하지만 쪼그리고 앉아 있는 내 곁에 한 번만 같이 앉아주세요. 그 순간 내 내면에서 어떤 일들이 일어나고 있는지를 외면하지 말고 한 번만 바라보세요. 절대 보기 싫었던 솔직한 마음을 들여다보는 순간, 그것들과 이토록 오래 공존한 나 자신을 진심 어린 연민과 이해의 눈으로 바라보는 순간. 놀라운 일이 일어납니다. 꼭 직접 경험해보시길 바라요.

첫 번째 월요일

Q. 내 마음 묻기

'괴로움을 피하고자 방어적인 태도를 선택하는 한,

삶 전체가 '회피'가 된다'는 말이 있어요.

내가 무언가를 '무시하고, 부정하고, 덮어버리고,

잊기 위해' 자주 사용하는 방법은 무엇인지

솔직하게 돌아보세요.

A. 내 마음 듣기

매일 아침, 질문글쓰기

자신감 + 자존감

자신에게 압도적인 능력이 있다고 '생각하면', 그 능력을
갖추게 될 것이다. 자신이 높이 올라갈 거라고 '생각'한다면,
'자신에 대한 확신'이 있다면 바로 그 보답을 받게 될 것이다.

월터 D. 윈틀Walter D. Wintle

✦

지금 내 자존감은 안녕한가요? SNS를 볼 때마다 남과
나를 비교하며 씁쓸한 기분에 사로잡히지는 않는지요? 친한 친
구의 성공에 진심으로 축하해주지 못하는 스스로를 못났다고 자
책한 적은요? 일상에서 딱히 이유를 알 수 없는 불쾌감과 우울감
이 계속된다면 그건 지금 내 자존감에 빨간불이 켜졌다는 신호
일 수 있습니다.

이번 글쓰기는 나의 자존감과 자신감 지수를 확인해볼 수 있는

질문들입니다. 나의 자존감과 자신감을 들여다보면 세상을 대하는 나의 태도를 좀 더 자세히 알 수 있어요. 마음을 닫고 날을 세우며 사람들을 밀어내는 것도, 가진 건 없지만 미래에 대한 긍정과 희망으로 매일이 설레는 것도 자존감과 자신감 때문이거든요. 그런데 이번 글쓰기에서 특히 주의해야 할 것이 하나 있습니다. 그건 바로 자책과 비난 없이 현재 내 상태를 그대로 들여다보고 인정해야 한다는 거예요. 자존감이 낮고 자신감이 없다고 '내가 항상 이 모양이지 뭐', '역시 난 형편없는 인간이야'처럼 아픈 말로 스스로를 찌르지 마세요. 그저 '지금 내가 이런 상태구나', '그렇다면 무엇이 나를 이렇게 만들었을까?', '내가 언제부터 이런 마음으로 지내고 있었지?'라는 따뜻한 시선으로 들여다보는 것이 중요합니다.

자존감과 자신감이 낮아졌다면 그 배경에는 아마도 연이은 욕구의 좌절이 있었을 거예요. 원하던 일에 크고 작은 실패를 맛보았거나, 간절했던 일을 두려움으로 포기할 수밖에 없었던 경험 말이지요. 그래서 이 작업을 하다 보면 의외로 '아, 나는 이런 것을 원하고 있었구나'라는 것을 알아차릴 수도 있습니다. 맞아요, 모든 감정과 욕구는 이토록 밀접하게 연결되어 있습니다.

첫 번째 화요일

Q. 내 마음 묻기

세계적인 베스트셀러 《아티스트 웨이》의 저자

줄리아 캐머런은 은퇴 후 '내가 정말로 좋아하는 것

25가지'를 종이에 적었다고 말했습니다.

내가 좋아하는 것, 생각만 해도 미소가 절로 나는 것,

마음이 편안해지고 시간 가는 줄 모르는 것,

더 잘하고 싶고 더 오래 하고 싶은 일들은 무엇인가요?

25가지를 꽉꽉 채워서 적어보세요!

A. 내 마음 듣기

매일 아침, 질문글쓰기

타고난 본성은 모두 비슷하지만

습관이 차이를 만든다.

논어

✦

《습관의 힘》의 저자인 찰스 두히그는 "습관을 바꿀 수 있다고 깨닫는 순간부터 우리는 언제라도 습관을 바꿀 수 있고, 스스로 변할 수 있다고 믿고 그런 믿음을 습관화한다면 변화가 실제로 가능하다."고 했어요.

습관을 지배하기 위해서는 먼저 습관을 알아야 합니다. 그리고 그 습관이 어떻게 나를 변화시키고 있는지 아니면 내 변화를 가로막고 있는지를 살펴보세요. 내게 어떤 습관이 있는지 잘 모르겠다고요? 그럴 때는 혼자 있는 시간이 필요해요. 그리고 그 시간을 통해 나의 습관이 무엇인지를 생각해보세요. 곰곰이 어떤 습관이 있는지 오늘 하루 일과를 살펴보세요. 늦잠 자는 습관, 우울할 때 술을 마신다거나 물건을 산다든지 아니면 갑자기 열의에 타서 학원 수강을 시작만 하고 마무리하지 못하는 습관…… 등등 알면서도 고치지 못하는 것들이 너무 많잖아요. 나를 변화시킬 습관을 점검해보고 찾아보는 건 어떨까요? 영국의 세계적인 작가 사무엘 스마일스는 "마음을 바꾸면 생각이 달라지고, 생각을 바꾸면 행동이 달라지고, 행동을 바꾸면 습관이 달라지고, 습관을 바꾸면 성품이 달라지고, 성품을 바꾸면 운명이 달라진다."고 했습니다. 원하는 삶을 살기 위해서는 나쁜 습관을 버리고 새로운 습관을 만들어야 해요. 습관은 나 스스로 바꿀 수 있어요. 이제 스스로 바꿀 수 있는 게 뭐가 있는지 찾아볼까요?

'나를 알기

첫 번째 수요일

Q. 내 마음 묻기

습관전문가인 그레첸 루빈은 3년간, 수백 명의
사람들을 조사하면서 습관에 관해 사람들은 대략
4가지 성향으로 구분된다는 사실을 발견했다고 합니다.
첫째로 '준수형'은 자신 혹은 타인이 정한 기준대로
행동하는 유형입니다.
둘째로 '강제형'은 통제 장치가 있어야 습관을 지킵니다.
누군가 지켜보고 있으면 행동을 고치는 유형이지요.
셋째로 '의문형'은 의문을 제기한 후 스스로 납득을
해야 실행에 옮깁니다.
넷째로 '저항형'은 규칙과 통제를 거부합니다. 누군가
시켜서가 아니라 스스로 원하는 행동을 자기 방식대로
처리하는 유형이라고 해요.

당신은 이 4가지 중 어떤 유형인가요?

A. 내 마음 듣기

매일 아침, 질문글쓰기

돈은 기회를 만들어준다.

탈무드

✦

　　개인적으로 가장 큰 충격과 두려움 속에서 진행했던 질문글쓰기 주제인데요. 해보시면 알 거예요. 돈에 대한 관념이 내 삶을 어떻게 지배하고 있는지를요. 내 삶 곳곳에 얼마나 큰 영향을 끼치고 있는지도요.

이번 글쓰기를 통해 돈과 나의 관계를 바로잡습니다. 어려서부터 가족이나 가까운 사람들에게 전해들은 '돈'에 관한 이야기는 주로 무엇이었는지, 그 이야기들이 현재의 내 삶에 어떤 영향을 끼

쳐 왔는지를 솔직하게 적어봅니다.

지금껏 수백 명의 수강생과 이 글쓰기를 진행하며, 안타깝게도 돈에 관해 긍정적인 목소리를 가진 사람을 거의 만나보지 못했습니다. 대부분 두려움, 분노, 원망과 불행과 시기, 질투와 피해자의 목소리를 가지고 있었죠.

헝클어지고 엉망이 된 돈과의 관계를 바로잡기 위해서는 아주 큰 용기가 필요합니다.

'나는 어릴 적 가족이 불행했던 이유가 온통 돈 때문이라고 생각했어.'

'나는 부자는 모두 위선자고 이기주의자라고 여기며 살았어.'

'나는 늘 돈을 좇고 돈을 좋아했지만, 딱 그만큼 돈이 두렵고 원망스러웠어.'

돈에 대해 가지고 있는 오해와 편견을 걷어내고, '돈이 없어서' 불가능하다 여겼던 모든 일들을 들여다보며 하나씩 말을 걸어보세요. 돈과의 관계를 바로잡으면 우리는 지금보다 훨씬 더 자유롭고 풍요로워질 수 있습니다.

'나'를 알기

첫 번째 목요일

Q. 내 마음 묻기

> 내가 생각하는 '부'란 무엇인가요?
>
> 왜 돈을 벌고 싶은지, 왜 지금보다 더 많은 돈을
>
> 벌고자 하는지에 대해 스스로에게 납득할 만한
>
> 이유를 들려준 적이 있나요?

A. 내 마음 듣기

매일 아침, 질문글쓰기

당신은 이런 감정들이 너무나도 고통스러운 나머지

여러 가지 잘못된 방식을 동원해 이를 무시하고, 부정하고,

덮어버리고, 잊어버리려고 했을 것이다.

마거릿 폴, 《내면아이의 상처 치유하기》 중에서

✦

글쓰기 수업을 하다 보면 가장 많이 듣는 이야기가 '마음대로 안 된다'예요. 하루에도 몇 번씩 오르내리는 내 감정에 이리저리 휘둘릴 때도 많잖아요. 오전에 회사에서 중요한 회의가 있어 시간 맞춰 집을 나서야 하는데 아이가 다 입혀 놓은 옷에 우유를 쏟는 바람에 짜증이 밀려왔고, 결국 소리를 지르고 말았지요. 퇴근 후 잠든 아이를 바라보는데 미안함에 눈물을 왈칵 쏟기도 하고요. 남들은 다들 잘 해내는 것 같은데 나만 왜 그럴까 하

는 마음에 또 눈물짓고요.

살다 보면 원래 쉬운 일도 자꾸 꼬일 때가 있어요. 힘든 일을 너끈히 해낼 때도 있고요. 마음먹기에 따라 일도, 삶도 달라집니다. 아무리 힘든 일도 해낼 수 있는 게 바로 '마음의 힘'이에요.

우리가 맞닥뜨리는 모든 감정은 우리 삶의 나침반 역할을 합니다. 억지로 없애려고 억누르거나 나쁘고 하찮은 것으로 취급할 게 아니라 '왜 그러한지'를 들여다보며 살아가야 한다는 거죠. 그러면 감정이 길을 만들어주기도 합니다. 예를 들어 특정한 상황이나 특정한 사람만 보면 마음이 불편해진다면, 이때의 감정을 단순한 '질투', '시기', '분노'로 퉁 치고 넘기지 말고 자세히 관찰해야 해요. 세상에 이유 없이 피어나는 감정은 없으니까요.

'나'를 알기

첫 번째 금요일

Q. 내 마음 묻기

오늘 하루 가장 많이 느낀 감정과 상황들을

떠올려보세요.

그리고 그 감정의 이유도 생각해보세요.

A. 내 마음 듣기

'나'를 알기

매일 아침, 질문 글쓰기

인생에서 가장 중요한 것을 배우려는 욕망이 클수록

감정적 고통도 크고 깊어질 수밖에 없다.

마이크 둘리, 《우주를 여행하는 초보자를 위한 안내서》 중에서

✦

　　40대 애엄마도 아니고, 어느 회사 과장도 아닌 나. 경영학을 전공한 나도 아니고, 세무서에서 일하는 나도 아니고, 일찍 부모님을 잃은 나도 아닌 '나'는 과연 누구일까요? 아주 심오하고 어려운 질문이지만 꼭 한번 생각해봐야 할 질문이기도 합니다. 모든 직책과 직업과 나이와 성별과 기타 사회적 정체성을 전부 걷어낸 '나'에 대해 새로운 정의를 내려보세요.

그리고 내가 진짜 무엇을 원하는지 생각해보세요. 스스로를 줌

아웃zoom-out 해서 바라보기가 필요합니다. 직장과 소속, 직함의 틀을 벗어나 '나에 대한 솔직한 분석'을 하는 거지요. 내 욕망이 명확해지면 내가 해야 할 행동 방안이 저절로 수립됩니다.

그것이 개인적 삶이든 직장생활이든 잘하고 있는지를 스스로 판단할 수 있으려면 자신이 삶이나 직장생활에서 원하는 것, 즉 어디로 가고 싶은지 방향을 알고 있는 것이 가장 중요해요.

우리 자신의 '인생 제2막'에서 무엇이 우리에게 기쁨을 가져다줄 것인지를 시사하는 단서는 우리가 살아온 인생 안에 있습니다. 내가 좋아하고 나를 행복하게 만드는 것들을 떠올려보세요. 그리고 하나씩 하고 싶은 것을 찾아보세요. 그리고 글로 정리하면서 실행에 옮길 차례입니다.

'나'를 알기

첫 번째 토요일

Q. 내 마음 묻기

평소 관심을 가진 분야가 있나요?

해보고 싶은 공부나 따고 싶은 자격증이 있다면

무엇일까요?

A. 내 마음 듣기

'나'를 알기

매일 아침, 질문글쓰기

고요히 호흡하며 한 문장 한 문장을 써봅니다.

곧 생각은 사라지고 머릿속이 맑아지며 마음은 평온해집니다.

그리고 지금껏 당신을 억눌러온 무언가가 사라지는 것을

느낄 수 있을 것입니다.

채환, 《인생을 바꾸는 100일 마음챙김》 중에서

✦

흔히 필사를 '손으로 하는 명상'이라고 표현합니다. 이게 무슨 뜻인지는 실제로 필사를 해봐야 정확히 이해할 수 있을 거예요. 저는 마음을 차분히 빗질하고 싶은 기분이 들 때마다 필사를 해요. 한 권의 책을 정해놓고 통째로 필사하기도 하고, 매일 시간을 정해서 쓰면서 일상에 활력을 불어넣는 습관으로 만들기도 합니다.

마음이 어지러울 때는 정말이지 필사만 한 게 없답니다. 손으로

한 자 한 자 따라 적는 사이 마음을 짓누르던 고민과 불안이 조용히 사라지고 오직 '지금 이 순간' 연필로 글자를 따라 쓰는 그 편안한 사각거림만이 공간을 가득 채우지요.

긴 시간 필사할 필요도 없어요. 처음에는 하루 3분 내외로 마음에 드는 문장 하나를 필사하겠다 다짐해보세요. 필사의 크나큰 장점 중 하나는 좋은 문장을 내 일상에 초대하는 것이기도 해요. 때로는 아침에 필사한 문장 하나에 매료되어 온종일을 설렘과 감사의 마음으로 살아가게 되거든요. 오늘 하루 이정표 삼을 문장을 손으로 적으며 건강하고 활기찬 하루를 예약해보세요.

그런데 필사를 할 때 의외로 중요한 것이 있어요. 그건 바로 필기감이 좋은 연필이나 볼펜이랍니다. 필사 노트를 따로 준비할 필요는 없지만(일기장이나 독서 노트, 스케줄 다이어리 어디든 필사하면 되거든요) 필기구만큼은 반드시 마음에 드는 것을 준비하세요. 그래야 연장 탓 없이 더 즐겁게 필사할 수 있어요.

자, 준비되셨나요? 가장 단순하고 간단하게 내 에너지를 끌어올리는 일, 필사의 세계로 여러분을 안내합니다.

첫 번째 일요일

자신감이란 모르는 것을 향해서도

마치 알고 있는 것처럼 달려갈 수 있는

어린아이 같은 능력이다.

크리스티앙 보뱅

필사

두 번째 월요일

Q. 내 마음 묻기

100이 최고라고 했을 때 현재 내가 느끼는 상태를

솔직하게 적어보세요.

A. 내 마음 듣기

1. 내 삶을 누구와도 바꿀 수 없을 만큼 아끼고 사랑하나요?

2. 과거의 '어떤' 상처로부터 스스로를 치유했나요?

3. 안 좋은 상황이나 감정으로부터 나 자신을 지키고 돌보는 방법을 알고 있나요?

4. 나를 괴롭히고 에너지를 갉아먹는 감정과 그 원인을 잘 알고 있나요?

5. 목표가 명확하고 현재 그 방향을 향해 잘 걷고 있나요?

'나'를 알기

두 번째 화요일

Q. 내 마음 묻기

우리 안에는 2명의 코치가 살고 있다고 합니다. 바로
'야단 코치'와 '파이팅 코치'예요. 야단 코치는 매번 나의
약점과 단점, 좀 더 노력해야 하는 것들에 대해
지적합니다. 실수를 꼬집고 부정적인 고함으로 나를
더 주눅 들게 만들죠. 오늘은 내 안의 야단 코치를
해고하는 날입니다. 그가 없어도 삶은 충분히 팍팍한데
굳이 패배적인 목소리를 내 안으로 불러들이지 마세요.
대신 파이팅 코치와 함께 나에게 '응원의 메시지'를
3개 이상 써보세요.

예시

- 충분히 잘하고 있어. 이만큼 해온 것만 봐도 대견해.

- 남과 비교하지 말고 내가 걸어가는 길만 바라봐.

- 나는 나를 믿어. 내 삶의 모든 순간을 따뜻하게 안아줄
거야.

A. 내 마음 듣기

두 번째 수요일

Q. 삶의 질을 높여주는 7가지 좋은 습관에는 다음과 같은 것이 있습니다.

① 측정하는 습관을 들여라

② 기록하는 습관을 들여라

③ 학습하는 습관을 들여라

④ 인내하는 습관을 들여라

⑤ 계획하는 습관을 들여라

⑥ 점검하는 습관을 들여라

⑦ 평가하는 습관을 들여라

참고: 윤태훈, 《일단 나부터 실험할게요》 중에서

나에게는 어떤 좋은 습관이 있나요?

"나는 참 괜찮은 사람이고 좋은 삶을 이끌고 있어."라는

감정을 가져다주는 나의 습관들을 정리해보세요.

A. 내 마음 듣기

'나'를 알기

두 번째 목요일

Q. 내 마음 묻기

오래전 '누군가(부모님, 형제자매나 친구, 학교 선생님 등 나에게 영향을 끼친 가까운 관계)'에게 들었던 돈에 관한 이야기 가운데 나에게 잘못된 믿음/가치관을 심어준 말은 무엇인가요? 3가지만 적어보세요.

> 예시

- 욕심부리면 반드시 탈이 난다.
- 돈 함부로 쓰면 벌받는다.
- 다들 죽어라 돈 벌려고 사는 거야.

A. 내 마음 듣기

두 번째 금요일

Q. 내 마음 묻기

가족, 애인, 혹은 가까운 친구나 상사 등의 요구에

맞추느라 우선순위에서 늘 밀리는 나의 진짜 욕구는

무엇인가요? 스스로에게 좀 더 너그럽게 사랑을

베풀려면 무엇을, 어떻게 해야 할까요?

예시

● 주말 오전만큼은 혼자 있고 싶은데 부부 동반 등산

모임을 원하는 남편의 요구에 매번 맞춰준다.

● 늘 나를 비난하고 잔소리하는 언니의 전화나 방문에

아무 말도 하지 못한다.

A. 내 마음 듣기

'나'를 알기

두 번째 토요일

Q. 내 마음 묻기

현재 나는 나의 성장을 위해 어떤 투자, 혹은 지원을
하고 있나요? 미래를 위한 가장 좋은 투자는 역시
'자기관리(자기계발)를 통해 몸값을 높이는 것'이라는
생각이 듭니다. 나의 성장을 어떻게 지원하고 있는지
적어보세요. 나를 위한 자기관리 비용은 얼마인가요?

(예시)

● 매달 도서 구입비 10만 원, 영어 온라인 학습 15만 원,
헬스장 회원비 10만 원, 독서 모임 참여 12만 원 등

A. 내 마음 듣기

'나'를 알기

두 번째 일요일

젊었을 때는 다른 나라를 발견하는 것이 모험이라고

생각했다. 하지만 이제는 나 자신을 발견하는 것이

진정한 모험이라고 생각한다.

다미 샤르프, 《당신의 어린 시절이 울고 있다》 중에서

필사

세 번째 월요일

Q. 내 마음 묻기

오래전 '누군가(부모님, 형제자매나 친구, 학교 선생님 등

나에게 영향을 끼친 가까운 관계)'에게 들었던 말

가운데 나에게 잘못된 믿음/가치관을 심어준 것은

무엇인가요? 3가지만 적어보세요. 그리고 여전히

그 '믿음들'을 유지하고 있나요?

예시

- 원하는 대로 말하고 행동하면 모두가 너를 떠날 거야.
- 돈이 없으면 불행하고 실패한 인생이야.

A. 내 마음 듣기

1.

2.

3.

'나'를 알기

세 번째 화요일

Q. 내 마음 묻기

내가 아는 사람 중에서 가장 자신감이 넘치는 삶을

살아가는 이는 누구인가요?

구체적으로 그 사람의 어떤 면을 닮고 싶나요?

A. 내 마음 듣기

'나'를 알기

세 번째 수요일

Q. 내 마음 묻기

해마다 미루고 있는 계획이 있나요? 5년 전에도

목표였지만 지금도 목표인 분야는요? 지난 시간을

돌아보고 솔직하게 자신의 삶을 분석해보세요.

해마다 미루고 있는 계획이 있다면 그것도 함께

써보세요.

A. 내 마음 듣기

세 번째 목요일

Q. 내 마음 묻기

지금 내 돈의 '감정 상태'는 어떠한가요?

두려움에 차 있나요?(화난 돈)

남들에게 있어 보이고자 돈을 쓰나요?(결핍의 돈)

수단과 방법에 상관없이 무조건 많이 벌면 된다는

생각인가요?

A. 내 마음 듣기

세 번째 금요일

Q. 내 마음 묻기

오늘은 감정을 억압하지 말고 최대한 자유롭게

표현하거나 해소하는 날로 정해보세요.

마음 밑바닥에 꽁꽁 숨긴 은밀한 진실을 조금이라도

드러내고, 잠들기 전에는 오늘 하루 얼마나 정직하고

자유로운 날이었는지 적어보세요.

A. 내 마음 듣기

세 번째 토요일

Q. 내 마음 묻기

지금으로부터 1년 후 나에게 보내는 짧은 메시지를

작성해보세요. 글을 쓰다 보면 앞으로의 1년을 어떤

마음으로, 어떻게 살아가야 할지 좀 더 명확해질 거예요.

A. 내 마음 듣기

1년 후 나에게 보내는 편지

'나'를 알기

세 번째 일요일

우리는 사람을 통해서만 사람을 배우고 깨달을 수

있습니다. 두렵더라도 사람에게 부딪치면서 파도타기를

해보세요.

그러다 보면 다름 아닌 자신이 파도이면서 바다라는

것을 알게 될 거예요.

정목스님,《달팽이가 느려도 늦지 않다》중에서

필사

도움이 되는 중간 읽기

✦ 바꿔치기 전략을 세워라!

어떤 행동을 다른 행동으로 변화시키는 이른바 '바꿔치기 전략'이라는 것이 있습니다(대체습관이라는 개념과 비슷합니다). 인간 행동 연구가 웬디 우드의 책 《해빗》에 나오는 습관 설계 전략 중 하나인데요, 예를 들면 다음과 같아요.

신호	기존의 반응 → 새로운 반응
달콤하고 부드러운 간식을 섭취하려는 열망	아이스크림 → 두유 아이스크림
동물성 단백질을 섭취하려는 열망	소고기 스테이크 → 두부
책을 읽으려는 열망	종이책 → 이북 리더기
청소하려는 열망	빗자루 → 진공청소기
꺼내기 쉬운 위치에 놓인 음료를 구입하려는 열망	탄산음료 → 생수

이것은 신호가 요구하는 보상을 동일하게 실현할 수 있는 좀 더 나은 반응(습관)이 무엇인지 고민하고 다른 반응을 이끌어내는 전략입니다.

이처럼 기존 습관에 새로운 반응을 더하는 것이 좋은 습관을 형성하는 삶의 기술입니다. 이렇게 하면 기존 습관을 완전히 제거하는 고통 대신 다른 새로운 습관을 빠르게 자동화할 수 있기 때문이죠.

✦ 습관을 관찰하라!

이범용 작가의 책에는 습관의 4가지 게이트가 나옵니다. 습관을 이어가다 보면 크고 작은 장애물(심리적 장애물 포함)이 등장하는데, 유혹의 각 단계를 게이트(관문)라고 이름 붙인 것이죠. 그가 말하는 4가지 관문은 다음과 같습니다.

3일 차 → 21일 차 → 66일 차 → 90일 차

처음 3일은 작심삼일의 유혹을 넘어가는 시간이며,

21일은 뇌가 습관을 인식하는 데 필요한 시간이다.

66일은 몸이 습관을 기억하는 데 필요한 시간이고,

90일은 죽음의 계곡을 넘어서는 데 필요한 최소한의 시간이다.

이범용, 《습관의 완성》 중에서

당신은 지금 어떤 게이트 앞에 서 있나요? 어디쯤 와 있는지 나의 습관 기록을 계속 작성하면서 관찰하세요.

'나'를 알기

Chapter 2

'나'를
더 이해하기

살면서 누릴 수 있는
최고의 특권은
진정한 나 자신이 되는 것이다.

카를 구스타프 융

네 번째 월요일

Q. 내 마음 묻기

내 안에 있는 어린아이(내면아이)에게 편지를 써보세요.

어떤 말이든 상관없습니다.

예시

많이 힘들었지? 아팠지? 잘 해냈다. 잘 살았다.

누구도 너만큼 그 시간을 잘 건널 수는 없었을 거야.

어떤 모습이든 있는 그대로의 너를 사랑해.

A. 내 마음 듣기

네 번째 화요일

Q. 내 마음 묻기

내가 생각하는 진정한 자신감이란 무엇이며,

나는 스스로를 자신감이 있는 사람이라고 생각하나요?

1~10점 중 지금 내 자신감은 몇 점이나 될까요?

그렇게 점수를 준 이유에 대해서도 써보세요.

A. 내 마음 듣기

'나'를 더 이해하기

네 번째 수요일

Q. 내 마음 묻기

새롭게 만들고 싶은 습관이 무엇인지 잘 모르겠다는

말은, 다시 말해 삶의 가치관과 목적지가 불분명하다는

의미일 수 있습니다. 와튼스쿨의 리더십 분야 교수이자

세계적인 베스트셀러 《와튼스쿨 인생특강》의

저자인 스튜어트 D. 프리드먼은 이럴 경우 20년 뒤를

떠올려보라고 말합니다. 그러면 자신의 가치관과 인생

비전을 발견하는 데 도움받을 수 있다고요. 20년 뒤,

당신은 누구와 어디에서 무엇을 하고 있나요?

어떤 일을 하고 어떤 영향력을 발휘하고 있을까요?

A. 내 마음 듣기

네 번째 목요일

Q. 내 마음 묻기

가난은 계획도, 조력도 필요하지 않는 무자비한

녀석이지만 '부'는 반드시 누군가가 끌어당겨야 하는

수줍음과 조심성 많은 녀석이라고 합니다. 부를

끌어오기 위해 중요한 하나는 '마이너스 신념'을 가지지

않는 것입니다. 마이너스 신념이란 돈, 인간관계 등

인생 전반에 대해 가지고 있는 부정적인 생각이지요.

나의 부정적인 신념을 3가지 적어보고 이것을

긍정적인 것으로 바꿔보세요.

A. 내 마음 듣기

'나'를 더 이해하기

네 번째 금요일

Q. 내 마음 묻기

용기를 한번 일으킨 경험은 또 다른 용기를 만들

동력이 됩니다. 올해는 어떤 용기를 계획하고 있나요?

큰 용기도 좋고 아주아주 작아서 티도 안 나는 용기도

좋습니다. 지금 즉시 떠오르는, 내가 용기를 냈던

순간들 몇 가지를 적어보세요.

A. 내 마음 듣기

네 번째 토요일

Q. 내 마음 묻기

성공한 이들의 저서에는 실패 사례들이 반드시,

그리고 꽤 많이 등장합니다. 경험을 돌아보며 같은

실수를 절대 하지 않는 그들의 이야기를 접하며

'성공적인 실패'라는 말이 떠올랐습니다.

나의 성공적인 실패에는 어떤 것들이 있을까요?

그 경험을 통해 무엇을 배웠는지 돌아봅시다.

A. 내 마음 듣기

나의 성공적인 실패

_____

_____

_____

_____

_____

_____

그 경험을 통해 배운 것

_____

_____

_____

_____

_____

_____

'나'를 더 이해하기

네 번째 일요일

'인생이 정체되어 있을 때'는 대부분의 경우 '행동하지

않을 때'다. 일단 '행동'을 해야 한다.

행동한 사람에게만 보이는 세상이 분명히 존재하니까.

고이케 히로시, 《2억 빚을 진 내게 우주님이 가르쳐준

운이 풀리는 말버릇》(만화편) 중에서

필사

'나'를 더 이해하기

다섯 번째 월요일

Q. 내 마음 묻기

지나온 시간을 돌아보며 그 시절의 나 자신을 어떻게

생각하고 있는지 살펴보세요.

A. 내 마음 듣기

10대의 나 -

_____

_____

20대의 나 -

_____

_____

30대의 나 -

_____

_____

40대의 나 -

_____

_____

결혼하고 난 뒤의 나, 부모가 된 나,

원하는 직업을 가진 이후부터의 나 등등에 대해서도 물어보세요.

_____

_____

_____

다섯 번째 화요일

Q. 내 마음 묻기

자신감의 3가지 원동력은 이것이라고 합니다.

타인에 대한 신뢰, 자기 실력에 대한 신뢰,

삶에 대한 신뢰.

이 3가지를 '내 것'에 대입해서 정리해보세요.

A. 내 마음 듣기

1. 무슨 일이 있어도 나를 믿어주는 사람은 누구인가요?

2. 스스로 실력을 신뢰하는 분야는 무엇인가요?

3. 내 삶을, 이 세계를 얼마나 사랑하고 신뢰하나요?

다섯 번째 수요일

Q. 내 마음 묻기

매일 나를 성장시키는 일에는 무엇이 있을까요?

바꿔 말하자면, 나는 매일 어떤 일을 하며 성장해나가고

있나요?(독서, 글쓰기, 대화, 육아, 명상, 운동 등)

A. 내 마음 듣기

다섯 번째 목요일

Q. 내 마음 묻기

"돈은 인격체다." 김승호 회장의 책《돈의 속성》

첫 장에 나오는 첫 문장입니다. 그렇다면 나는 돈을

어떤 방식으로 대하고 있나요? 돈을 인격적으로

대우하며 존중해왔나요? 아니면 아랫사람처럼

하대하거나 온갖 죄를 물으며 가해자 취급하거나

돈에게 화를 내고, 돈에게 모든 책임을 전가한 것은

아닌지요. 돈을 대하는 나의 태도를 돌아봅니다.

A. 내 마음 듣기

'나'를 더 이해하기

다섯 번째 금요일

Q. 내 마음 묻기

마음의 영역에서 '충조평판(충고·조언·평가·비판)'은
전혀 도움이 되지 않습니다. 그보다는 '네가 그런 일을
한 데는 분명 이유가 있을 것이다'는 공감과 지지가
사람을 변화시키지요. 그렇다면 나 자신에게 자주
하는 충조평판에는 어떤 것들이 있는지 생각해보고
솔직하게 적어보세요.

예시

비판 —— 너처럼 게으르면 절대로 원하는 걸 못 이뤄.

A. 내 마음 듣기

다섯 번째 토요일

Q. 내 마음 묻기

나답게 살아간다는 것은 어떤 의미일까요? 내가

생각하는 '나다운 삶'이란 무엇인가요? '나다움'에

해당되는 키워드를 5가지 적어보세요.

예시

- 자유
- 편안함
- 영어 강의
- 글쓰기
- 친구 같은 엄마

A. 내 마음 듣기

'나'를 더 이해하기

다섯 번째 일요일

'현실'이란 그 사람이 믿은 모든 것이라네.

다시 말해 그 사람이 무엇을 믿고 있는지 알고 싶다면

현실을 보라는 얘기지. 현실이란 스스로가 무엇을

믿고 있는가를 확인하기 위해 존재한다네.

사토 미쓰로, 《하느님과의 수다》 중에서

필사

여섯 번째 월요일

Q. 내 마음 묻기

니체는 "맨 먼저 자신을 존경하는 것부터 시작하라.

아직 아무것도 하지 않은 자신을, 아무런 실적도

이루지 못한 자신을 인간으로서 존경하는 것이다."라고

말했습니다.

나는 나의 어떤 부분을 존경하나요?

가장 깊이 사랑하고 존경하는 '나의 일부'를 적어보세요.

A. 내 마음 듣기

여섯 번째 화요일

Q. 내 마음 묻기

《매일, 조금씩 자신감 수업》의 저자이자 독일의

심리학 박사인 라우라 지바우어는 '건강한 자신감이란

자신의 강점과 약점을 잘 알고 그것을 수용할 줄 아는

것. 나에게 무엇이 필요한지를 알고 그것을 실현할 수

있다고 믿는 힘'이라고 말합니다. 나의 강점과 약점은

무엇인가요? 각각 3가지씩 작성해보세요.

A. 내 마음 듣기

강점

1.

2.

3.

약점

1.

2.

3.

여섯 번째 수요일

Q. 내 마음 묻기

살면 살수록 삶은 '더하기'보다 '빼기'의 기술이라는
생각이 듭니다. 세계적인 기업 코치인 댄 설리번은
3가지 기준에 따라 할 일의 우선순위를 정하라고
조언합니다.

① 내 에너지를 빼앗기는 일
② 내가 그다지 싫어하지 않고 내게 중요하며 유용한 일
③ 내게 에너지와 기쁨을 주는 일

그렇다면, 매일 맞닥뜨리지만 삶에 아무런 의미가 없는
선택에는 무엇이 있을까요? 내 에너지를 앗아가는
일에는 무엇이 있을까요? 2가지 정도 떠올려보시고
그것을 어떻게 삶에서 제거하거나 다른 사람에게
위임할 수 있을지 고민해보세요.

A. 내 마음 듣기

'나'를 더 이해하기

여섯 번째 목요일

Q. 내 마음 묻기

'효율적인 돈 관리'라는 말을 들으면 무엇이 가장 먼저

떠오르시나요? 돈 관리에 있어 내가 가장 중요하게

생각하는 가치는 무엇인가요? 안정성? 노후 대비?

하이 리스크 하이 리턴? 현금 흐름?

돈 관리에서 내가 고수하는 핵심 가치를 돌아보세요.

그리고 그 이유도요.

A. 내 마음 듣기

'나'를 더 이해하기

여섯 번째 금요일

Q. 내 마음 묻기

가벼운 우울감을 느낄 때, 누군가가 질투 나고 미워질

때(그래서 상대적으로 나 자신이 초라해 보일 때), 아무것도

하기 싫고 멍 때리고 싶기만 할 때. 누구나 흔히

맞닥뜨리는 이 3가지 상황을 살펴보기로 해요. 나는

주로 언제 그런 상황을 만나는지 지난 시간을 돌아보고

글로 정리해보세요.

A. 내 마음 듣기

'나'를 더 이해하기

여섯 번째 토요일

Q. 내 마음 묻기

내가 하고자 하는 '회사 밖 딴짓'을 먼저 잘 해내고 있는

사람이 있나요? 인생 2막을 걸을 때 좋은 본보기가

되어주는 롤 모델을 떠올려보세요. 그 사람의 어떤 점을

닮고 싶고, 어떤 일을 어떻게 벤치마킹할 수 있을까요?

A. 내 마음 듣기

'나'를 더 이해하기

여섯 번째 일요일

사람에겐 누구나 그릇이란 게 있단다, 모모코.

넌 크진 않지만 단단한 그릇을 갖고 있어.

너의 길을 가도록 해. 네가 아니면 아무도 할 수 없는

일을 꼭 찾게 될 테니까.

영화 〈불량공주 모모코〉 중에서

필사

'나'를 더 이해하기

일곱 번째 월요일

Q. 내 마음 묻기

> 치유란 무엇보다도 관점이 바뀌는 것입니다.
>
> 과거는 절대 바꿀 수가 없습니다. 내가 겪은 일,
>
> 당시 느낀 감정과 상처는 '없는 셈' 칠 수가 없는 것입니다.
>
> 그러나 관점이 변화하면 자연스레 치유가 일어납니다.
>
> 이렇게 치유가 일어난 경험이 있으신가요?
>
> 있다면 무엇인가요?

A. 내 마음 듣기

'나'를 더 이해하기

일곱 번째 화요일

Q. 내 마음 묻기

마법사가 나타나 나를 '조금 더' 자신감 있는 사람으로

만든다면 삶이 어떻게 변할까요?

내게 '엄청난' 자신감이 생긴다면 나는 어떤 식으로

행동하고 무엇을 시작할까요?

A. 내 마음 듣기

일곱 번째 수요일

Q. 내 마음 묻기

이범용의 《습관의 완성》에 '대체습관'이라는 재미있는
개념이 나옵니다. 원래 계획했던 습관을 못했을 경우
목적에 부합하는 다른 습관으로 대신하는 것을 말해요.
글쓰기, 운동, 명상 등 원하는 습관을 건너뛰게 된 날
비슷한 효과를 낼 수 있는 다른 습관을 준비(?)해두는
것도 좋은 방법인 것 같습니다. 내가 원하는 습관과
그것을 못했을 경우 대신할 수 있는 '대체습관'을
작성해보세요.

예시

• 필라테스를 못 간 날에는 → 대체습관 10분간 홈트를 한다.
• 야식을 먹은 날에는 → 대체습관 바닐라라떼 대신 녹차를
마신다.

A. 내 마음 듣기

'나'를 더 이해하기

일곱 번째 목요일

Q. 내 마음 묻기

주식, 복리 이자, 지분 투자 등 '돈이 돈을 불리는 힘'에

관해 여러 가지 이야기를 들어보셨을 겁니다. 내가

잘 알거나 경험해본 투자 방법에는 무엇이 있나요?

우리는 돈에 대해 마치 낯선 사람을 알아가듯 공부하고

이해하는 과정을 거쳐야만 합니다. 그것이 돈과

우호적인 관계를 맺는 방식이니까요. 앞으로 돈에

대한 공부 계획을 적어보세요. 어떤 분야를 어떻게

공부해보고 싶나요? 구체적일수록 좋습니다.

A. 내 마음 듣기

'나'를 더 이해하기

일곱 번째 금요일

Q. 내 마음 묻기

심리학자 웨인 다이어는 《인생의 태도》라는 책에서 "실제로 우리 인생을 지배하고 통제하는 것은 우리가 직시하지 않는 대상들입니다. 똑바로 바라보지 않고 그저 사라져버리길 바라면서 계속 무시하고 있는 것들이요."라고 말합니다. 그렇다면 내 삶에서 '직시하지 않는 것들'에는 무엇이 있는지 살펴보세요. 그 이유가 두려움, 절망, 분노, 우울, 슬픔 등 무엇이든 간에 내가 제대로 바라보고 있지 않은 부분을 용기 있게 바라보세요.

A. 내 마음 듣기

'나'를 더 이해하기

일곱 번째 토요일

Q. 내 마음 묻기

당신이 하는 일, 구축하고자 하는 나만의 브랜드를

알리기 위해 어떤 노력을 하고 있나요? 책 출간 준비?

블로그? 유튜브? 내가 하는 일의 영향력을 확대하기

위해 기울이는 노력 그리고 온라인 툴에 대해

적어보세요.

예시

- 블로그에 매주 3차례 '명상' 관련 글을 기고하고 있다.
- 브런치에 매주 화요일 마케팅 관련 글을 올리고 있다.

A. 내 마음 듣기

'나'를 더 이해하기

일곱 번째 일요일

당신을 위하는 좋은 선택이란 고통을 줄이고 행복을
늘리겠다는 마음의 선택이고, 내가 할 수 있는 만큼,
하고 싶은 만큼 하는 것이며, 나를 이롭게 하는 몸과
마음의 습관을 새로 들여와서 길들이고, 나에게
무익하거나 내가 좋아하지 않는 것들을 삶에서
제거하는 것이다.

황은정,《무빙 세일》중에서

필사

'나'를 더 이해하기

여덟 번째 월요일

Q. 내 마음 묻기

분노를 풀어내는 나만의 방법은 무엇인가요?

분노뿐만 아니라 다른 감정들도 억압하지 않고

자연스럽게 받아들인 뒤 풀어주는 편인가요?

평소 내 감정을 어떻게 처리하는지 돌아보세요.

A. 내 마음 듣기

'나'를 더 이해하기

여덟 번째 화요일

Q. 내 마음 묻기

《무엇이 삶을 예술로 만드는가?》라는 책에는 "반복된 일상 속에서 매일 하는 작은 일들을 하찮게 여기지 않고 잘 해내는 사람이야말로 가장 자신만만한 삶을 살아간다."라는 구절이 나옵니다. 흐트러진 옷차림이나 비위생적인 집 안 환경, 공과금 미납이나 대충 건너뛰는 끼니 같은 것들이 사실은 우리를 자신감과 멀어지게 만드는 일등공신인 셈이죠. 그렇다면 각자의 일상을 어떻게 영위하고 있는지 점검해보세요.

지금 내 주변을 둘러보고 오늘 해치울 수 있는 가장 간단한 일을 마무리해보세요. 그리고 나의 아침/저녁 루틴을 점검하고 정리해보세요.

A. 내 마음 듣기

아침 루틴

_____

_____

_____

_____

_____

_____

저녁 루틴

_____

_____

_____

_____

_____

_____

'나'를 더 이해하기

여덟 번째 수요일

Q. 내 마음 묻기

"무엇이든 그것을 100번 하면 삶의 무기가 된다."는
유명한 명언이 있지요. '고작 한 번' 하는 것은 아무 힘이
없겠지만 100번 모이면 인생이 각도를 트는 것들에는
무엇이 있을까요? 저는 그중 가장 대표적인 것이
'100번의 글쓰기'라고 확신합니다. '나와 내 삶'을
주제로 한 글을 100번 완성해낸다면 삶이 달라질
수밖에 없어요. 여러분의 삶을 바꿔줄 '100번'에는
과연 무엇이 있을지 적어보세요.

예시

100번의 새벽 기상, 100번의 요가, 100권의 책 읽기

A. 내 마음 듣기

여덟 번째 목요일

Q. 내 마음 묻기

돈 혹은 소비에 있어 쉽게 고쳐지지 않는 부정적 습관이

있나요? 기분이 우울할 때마다 충동구매를 한다거나,

마음에 들지 않는 물건도 늘 가성비만 따져가며

구입하는 등 여러 가지 부정적인 소비 습관이 있을 수

있지요. 나는 어떤 습관을 가지고 있는지 솔직하게

돌아보세요.

A. 내 마음 듣기

'나'를 더 이해하기

여덟 번째 금요일

Q. 내 마음 묻기

감사는 단순하고 명확하게 행복을 가져다주는

감정입니다. 긍정적인 정서를 불러일으키고, 나는 꽤

괜찮은 사람이며 잘 살아가고 있다는 자기 확신 속에서

자존감도 높여주지요.

서울 아산병원의 정신의학과 김병수 교수는 그의

책《나에게 어울리는 삶을 살기로 했다》에서

"10가지 감사 목록을 적되, 1, 2번은 건강, 3, 4번은

의식주 생활, 5, 6번은 인간관계, 7, 8번은 학업과 일,

9, 10번은 최근에 발생한 일로 분류해서 적어보라."고

말합니다. 오늘은 내 삶을 채우는 10가지 감사 목록을

써보도록 해요.

A. 내 마음 듣기

1.

2.

3.

4.

5.

6.

7.

8.

9.

10.

'나'를 더 이해하기

여덟 번째 토요일

Q. 내 마음 묻기

직장(소속된 어디든)을 나와 누군가 "무슨 일

하세요?"라고 물을 때. 나의 일을 한 줄 카피로

구상해보세요. 단순히 '학생들을 가르치는 일을

합니다.', '온라인쇼핑몰에서 애견용품을 판매합니다.'

같은 밋밋한 소개문 말고, 아래와 같이 나만의

소개글을 작성해보세요.

① 무엇을 하는 사람인지 정의하고

② 무엇을 할 것인지 어필하고

③ 무엇을 줄 것인지 약속하는

참고: 조연심, 《퍼스널 브랜딩에도 공식이 있다》

A. 내 마음 듣기

여덟 번째 일요일

그런데 이 말을 꼭 드리고 싶어요. 그때 상처받았고,

지금도 아프다고 말할 수 있는 자체가 당신에게

힘이 있다는 증거라고요. 그렇게 아팠는데 아무렇게나

살지 않고 버틴 것, 그것은 당신이 좋은 사람이라는

증거이기도 합니다. 당신은 내면에 그런 힘을 가진

사람입니다.

오은영, 《화해》 중에서

필사

'나'를 더 이해하기

도움이 되는 중간 읽기

✦ 어떻게 시간을 지배할 것인가

심리학자인 클라우디아 해먼드는 《어떻게 시간을 지배할 것인가》에서 "미래에 더 많은 자유시간을 가질 것이라는 낙관주의는 미루는 습관으로 이어질 수 있다."라고 말합니다. 그의 말에 따르면 일주일 동안 할 일을 내가 마음만 먹으면 사실 내일 당장이라도 다 해낼 수 있다고 믿는 이상한(?) 낙관주의가 미루기의 주범이라고 해요.

"바쁘다는 이유만으로 오늘 가야 할 헬스장을 미루면서 내일은 반드시 가겠다고 결심한다. 미래에 관해서라면 끊임없이 긍정적인 생각만 갖는다. 앞으로는 나아질 거야, 앞으로는 정리가 되겠지 하면서 말이다."

낙관주의는 좋지만 대책 없는 낙관주의는 삶에 해를 끼치는 주범임을 인정합시다. 그리고 나에게는 이런 면이 없는지 돌아보세요. '내일은 뭔가 오늘보다 근사할 거야'라는 믿음으로 반드시 해야 할 일들을 무한정 미루고 있지는 않은지요.

《무빙 세일》이라는 책에는 저자가 '생각 비우기 과정' 속 5가지 질문에 하나하나 조용히 답하며 하루를 보내는 장면이 나옵니다.

오늘 하루, 10분 멈춤을 통해 생각 비우기를 실천해봅시다.
오래되고 질긴, 하나의 생각을 떠올립니다.

노년은 지루하고 불행한 거야.

그리고 다음 5개의 단계를 거쳐 그 생각을 점검해보시기 바랍니다.

- 내가 언제부터 이런 생각을 해왔지?
- 이 걱정을 내가 왜 하고 있는 거지? 진짜 불안해할 만한 일 맞아?
- 제대로 생각도 안 해본 이런 가치관에 여태 매여 살았던 거야?
- 누가 이렇게 해야 한다고 말했지?

'나'를 더 이해하기

● 이렇게 안 하면 왜 안 되는 거였을까?

✦ **결정 과정 자동화란 무엇인가?**

억지로 습관을 형성하는 과정은 힘듭니다. 많은 인내와 고통을 필요로 하지요. 이보다 조금 쉽게 습관을 만드는 방법은 '결정 과정 자동화', 즉 많은 일들을 시스템화시키는 전략이 있습니다.

예를 들어, 매일 고민되는 메뉴의 경우, 식습관을 개선하고 좋은 음식을 섭취하는 습관을 형성하는 것이 힘들다면 아예 월요일부터 일요일까지 메뉴를 미리 정해놓고 그대로 먹는 거예요. 일주일에 12가지 요리와 재료를 준비하고 고민 없이 그대로 '자동화'시킵니다.

아침마다 옷 고르기에 지쳤다면(그럼에도 패션을 포기하고 싶지 않다면) 근사한 외출복 10벌 정도를 미리 정해놓은 뒤 그대로 입는 거죠. 이는 의사 결정을 최소화하고 습관으로 이어지게 만드는 강력한 행동 법칙이라고 합니다.

내가 '자동화'시킬 수 있는 것들은 무엇이 있을까요? 삶을 간소화 하고 일상을 시스템화하여 시간을 벌고 에너지를 아낄 수 있는 방법을 고민해보세요.

'나'를 더 이해하기

Chapter 3

'나'를
더 사랑하기

우리에게는
스스로를 더 사랑할 수 있는
능력이 있다.

루이스 헤이

아홉 번째 월요일

Q. 내 마음 묻기

부모님의 성격과 양육 방식을 떠올려보시기 바랍니다.

아버지는 사랑을 표현하던 분이었나요? 어머니는

감정 표현이 자연스럽고 편안했나요? 지금의 나에게

영향을 끼친 그분들의 기질과 특성을 조금 객관적으로

살펴보기 바랍니다. '나'를 이해하는 데 조금 더 도움이

될 거예요.

A. 내 마음 듣기

'나'를 더 사랑하기

아홉 번째 화요일

Q. 내 마음 묻기

자신감을 방해하는 요소 중에는 내 안의 부정적인 사고패턴이 있습니다. 예를 들어 새로운 일을 시작하려 할 때마다 '네가 나댄다고 뭐가 될 것 같아?', '나처럼 소극적이고 능력 없는 사람이 뭘 제대로 하겠어' 등의 자동화된 부정적 사고죠. 내가 자주 하는 부정적 사고패턴을 2-3가지 적어보고 대안이 될 수 있는 '용기의 문장들'로 뒤바꿔보세요.

예시

● **부정적 사고패턴** —— 나는 낯선 사람들과 잘 어울리지 못해.

● **용기의 문장들** —— 시작은 좀 어렵지만 난 그만큼 신중해서 그래. 결국 친해지면 모두가 나를 좋아하잖아.

A. 내 마음 듣기

'나'를 더 사랑하기

아홉 번째 수요일

Q. 내 마음 묻기

《당신 자신을 위한 삶을 살아라》의 저자인 쉐럴

리처드슨은 비전을 세울 때 다음의 질문을 스스로

던져보라고 조언합니다.

"나의 일은 다른 사람들에게 어떤 도움을 주지?"

"나의 일이 공익에는 어떤 도움이 되기를 바라지?"

그런 다음 떠오르는 생각과 아이디어를 몽땅

적어보세요.

A. 내 마음 듣기

아홉 번째 목요일

Q. 내 마음 묻기

돈을 다루는 4가지 능력은 각각 '버는 능력, 모으는 능력,

유지하는 능력, 쓰는 능력'이라고 합니다.

돈을 다루는 나의 능력은 각 영역별로 골고루

발달되어 있나요? 4가지 능력을 솔직하게 돌아보며

글로 적어보세요.

A. 내 마음 듣기

'나'를 더 사랑하기

아홉 번째 금요일

Q. 내 마음 묻기

듣고 싶었던 말, 하지만 누구에게도(부모님, 형제자매, 친구, 배우자 등) 듣지 못한 말이 있나요? 어린 시절도 상관없고 현재의 나도 상관없습니다. 아무에게도 듣지 못한 말, 그러나 사실은 듣고 싶었던 그 말을 오늘 나에게 들려주세요.

예시

- 어떤 상황에서도 하루도 빠짐없이 매일 글을 쓰다니, 너 자신을 지키려 참으로 애썼구나. 너는 결국 진정한 힘을 가진 사람이 될 거야.
- 쉽지 않은 삶의 여정이었지만 혼자만의 힘으로 잘 일어났다. 이 정도면 충분히 잘했고, 잘 해내고 있다.
- (부모님에게 듣고 싶은 말) 어린 시절의 너를 소중히 대해주지 못해서 미안하다. 나노 철이 없고 너무 몰라서 그랬어. 너는 정말 귀하고 아름다운 존재야.

A. 내 마음 듣기

'나'를 더 사랑하기

아홉 번째 토요일

Q. 내 마음 묻기

오늘은 시간을 들여(꽤 오랜 시간이 걸릴 수 있음) 10년 후

미래 이력서를 작성해보세요. 10년 뒤 나의 이력서에

추가될 경력을 5개만 채워보세요.

예시

- 202*년 첫 번째 책 출간.
- 202*년 삼성전자에서 강연.
- 202*년 일본어 공인점수 ○○○ 취득 후 프리랜서

일본어 번역가로 활동 등

A. 내 마음 듣기

아홉 번째 일요일

무엇을 할 것인가뿐 아니라 무엇을 하지 않을 것인가에

대해서도 나는 긍지가 있다.

무엇을 하지 않을지 결정하는 것은 무엇을 할지

결정하는 것과 마찬가지로 중요하다.

히스이 고타로, 다키모토 요헤이,《마이 룰》 중에서

필사

'나'를 더 사랑하기

열 번째 월요일

Q. 내 마음 묻기

좋은 경험이든 나쁜 경험이든 그것을 내 방식대로

해석하여 제대로 적용하면 '지혜'가 됩니다.

나는 부모님 혹은 가까운 어른(주양육자가 조부모였거나

친척 등이었다면)의 삶을 통해 무엇을 배웠나요?

예시

- 입버릇처럼 좋았던 과거에 대해 자랑을 일삼는

아버지를 보며 어떤 식으로든 과거에 발목 잡히는 것은

미래로 나아갈 수 없는 길임을 깨달았다.

- 아침마다 클래식 음악을 들으며 가족을 깨우고

늘 웃으며 식사를 준비하던 엄마에게서 긍정적으로

하루를 시작하는 법을 배웠다.

A. 내 마음 듣기

'나'를 더 사랑하기

열 번째 화요일

Q. 내 마음 묻기

두려움의 근원에는 '내가 나를 믿지 못하는 마음'이

있습니다. 나는 주로 어떤 상황에서 두려움을 느끼나요?

원하는 삶을 방해하는 두려움에는 무엇이 있나요?

예시

- 결국 집을 사지 못하리라는 두려움

- 결혼하지 못하고 외롭게 늙을 것이라는 두려움

- 내 분야에서 절대로 성공하지 못하리라는 두려움

A. 내 마음 듣기

'나'를 더 사랑하기

열 번째 수요일

Q. 내 마음 묻기

그냥 하고 싶은 대로 살아도 괜찮아! 경제적 제한 없이,

나이나 능력에 대한 한계를 생각하지 말고 '그냥

한번쯤 해보고 싶은 것들'을 떠올려보세요. 외국에

별장을 갖고 싶다, 500명 앞에서 강연을 하고 싶다,

하와이에서 살아보고 싶다, TV 토크쇼에 나오겠다,

커다란 문신을 하겠다거나 요트로 항해하겠다는

꿈이면 뭐 어떤가요? 이런 것들은 머릿속 틀을 부수고

상상 그 자체로 기쁨을 주지요. 이런 긍정적 상상은

머릿속에서 현재의 위치에서 앞으로 원하는 위치까지의

신경회로를 연결하게 되고, 이것을 강하게 조건화하면

소망을 이룰 수 있다는 확신, 자신감이 생깁니다. 내가

'그냥 한번 해보고 싶은 즐거운 일들'을 상상해본다면요?

A. 내 마음 듣기

'나'를 더 사랑하기

열 번째 목요일

Q. 내 마음 묻기

가장 아깝게 느껴지는 소비 항목에는 어떤 것이 있나요?

그 이유는요? 그렇다면 그 항목에 대한

내 한 달 지출은 어느 정도인가요?

그리고 나는 아깝게 느껴지는 그 항목에 왜 꾸준히

돈을 쓰고 있나요?

A. 내 마음 듣기

열 번째 금요일

Q. 내 마음 묻기

자신의 약점/있는 그대로의 모습을 수용할 수 있다면

자신감 향상에 큰 도움이 됩니다. '수용'은 자신감뿐

아니라 진정한 내면의 자유를 선사하기에 꼭 필요한

일이에요.

심리학 박사 라우라 지바우어는 '수용이란 무언가를

쟁취하기 위한 끝없는 투쟁을 멈추는 것'이라고

설명합니다. 바꿀 수 없는 것을 수용한다면 부정적인

것에 쏟는 에너지를 아껴 좀 더 중요한 문제를 해결하고

목표를 성취하는 데 쓸 수 있으니까요.

다음 문장을 완성해보세요.

A. 내 마음 듣기

나는 있는 그대로의 내 모습을 인정하고 받아들인다.

그래서 나는

을 기꺼이 인정하려고 한다. 그것을 바꿀 수 없다는 것을 알고,

그럼에도 불구하고 나는 존중받고 사랑받아야 할 존재임을 알기

때문이다.

'나'를 더 사랑하기

열 번째 토요일

Q. 내 마음 묻기

'아무리 해도 이건 안 될 거야'라는 생각이 드는 일

3가지를 떠올려보세요. 무엇이든 괜찮아요.

1년 뒤 책을 쓰는 일? 5년 뒤 10억을 모으는 일?

10년 뒤 지금 하는 분야에서 가장 유명한 사람이

되는 것? 이처럼 이룰 수 없을 것 같은 꿈의 목록을

작성한 뒤 내 두려움의 실체와 마주하세요.

그 두려움 속에 답이 있습니다.

A. 내 마음 듣기

왜 내 삶에는 그 일이 불가능하다고 여기는가?

왜 누군가는 지금도 그 일을 해내는데
'나는' 그것을 이룰 수 없다고 여기는가?

그것을 이루기에 가장 큰 좌절감을 안겨주는
감정, 사람, 환경 등은 무엇인가?

'나'를 더 사랑하기

열 번째 일요일

'나는 왜 나를 이렇게 대하고 있는가?'라는 이 질문을
놓지 말기를 바란다. 바로 답이 나오지 않더라도
계속 물었으면 좋겠다. 우리는 자기 부족함 때문에
부정적인 자아상을 가지게 된 것이 아니라, 부정적인
자아상 때문에 자기 부족함에 집착하는 것이다.
'내면화된 못마땅한 시선'을 거두어내지 않는 한
내적 평화는 찾아오지 않는다.

문요한, 《나는 왜 나를 함부로 대할까》 중에서

필사

'나'를 더 사랑하기

열한 번째 월요일

Q. 내 마음 묻기

나라는 사람은 도대체 누구일까요? 모든 직책과 직업과

나이와 성별과 기타 사회적 정체성을 전부 걷어낸 '나'에

대해 새로운 정의를 내려보세요.

예시

● '나'는 걷기를 좋아하는 사람입니다. 걸으면서 대부분의

스트레스와 고민을 날려버리곤 하는 사람입니다.

● '나'는 눈물이 참 많은 사람입니다. 하지만 사회생활을

시작하며 눈물을 참는 것을 1순위 목표로 두고 이제는

울지 못하는 사람이 되었습니다.

● '나'는 책을 읽을 때가 가장 행복해요. 어릴 적부터

도서관에서 일하는 어른이 되고 싶다고 꿈꿨을 정도예요.

● '나'는 어린 시절 늘 일하느라 바쁜 부모님에게

사랑빈고자 일찍 철이 든 척했던 어른아이입니다.

그 결핍의 감정이 여전히 제 안에 있어요.

A. 내 마음 듣기

'나'를 더 사랑하기

열한 번째 화요일

Q. 내 마음 묻기

임상심리학자 허지원의 책《나도 아직 나를 모른다》에서
저자는 진정으로 중요한 자존감의 잣대는 '스스로
지각하는' 자존감이라고 말합니다. 자신의 성취를
얕잡아보고 스스로를 하대하며 엄한 잣대로 자기를
평가하면 아무리 큰 성공을 해도 자존감을 지킬 수가
없다는 의미지요. 여러분의 자존감은 어떠한가요?
스스로를 적당한 야망을 가지고 성취를 이룬
사람이라고 생각하시나요? 최근 몇 년간 기분 좋은
자존감 상승을 안겨준 성장과 성취의 경험들을
나열해보세요. 구체적인 사례를 들어 다시 천천히
그 기억들을 되짚어보세요.

A. 내 마음 듣기

'나'를 더 사랑하기

열한 번째 수요일

Q. 내 마음 묻기

에고라는 지나친 자의식은 나를 두려움으로 이끌고 갑니다. 이건 이래서 안 되고, 저건 저래서 할 수 없는 일이라고 '안전지대' 안으로만 나를 몰아넣습니다. 지금, 에고의 목소리를 잠재우고 내가 시도해보고 싶은 일은 무엇인가요?

책 출간하기? 마라톤 대회에 참가하기? 작은 사업을 시작하기? 대학원에 진학해 전혀 다른 분야를 공부하는 일? 두려움을 극복하고 실천해보고 싶은 1가지를 적어보세요.

A. 내 마음 듣기

'나'를 더 사랑하기

열한 번째 목요일

Q. 내 마음 묻기

비싸지만 꼭 갖고 싶은 물건이 있나요? 시간이 얼마나

걸리든 갖고 싶은 물건(집, 땅, 별장 등 모두 좋아요)에는

무엇이 있을까요? 그것을 가지고 싶은 이유에 대해서도

생각해보세요.

A. 내 마음 듣기

열한 번째 금요일

Q. 내 마음 묻기

우리가 무슨 일을 하려면 '의도'만 가지고는 불가능하며,

그 일을 하기 위한 최소한의 자원, 즉 나 혼자만의

시간부터 확보해야만 합니다. 그렇다면 지난 2주간

혼자만의 시간을 얼마나 가졌나요? 나를 위해 일부러

혼자인 시간을 만든 적이 있는지 돌아보길 바랍니다.

만약 없다면 어떻게 '혼자만의 시간'을 확보할 것인지도

고민하고 적어보세요.

A. 내 마음 듣기

'나'를 더 사랑하기

열한 번째 토요일

Q. 내 마음 묻기

영화 〈패터슨〉의 주인공 패터슨은 미국 뉴저지주 작은 소도시에 사는 버스 기사입니다. 매일 똑같은 구간을 운행하며 살아가죠. 퇴근 후에는 매번 개와 산책을 하고, 단골 바에서 맥주를 한잔하고 하루를 마무리합니다. 하지만 그가 여느 버스기사와 조금 다른 점은 버스를 운행하기 전, 운전석에서, 잠들기 전 자신의 집 지하 서재에서 시를 쓴다는 거예요. 사실 그에게 매일 똑같은 하루는 시상을 찾을 수 있는 경이로운 기적의 날들이었습니다.

내 작은 세계 속에서 나만의 꿈을 꿀 수 있는 도구를 발견하셔야 해요. 글쓰기든 책 읽기나 그림 그리기, 손뜨개든 좋습니다. 여러분만의 무한한 우주를 유영할 수 있게 하는 꿈의 도구를 찾으셨나요? 지루한 일상에서 나를 꿈꾸게 만드는 것들은 무엇인가요? 그것을 얼마나 오래 해왔고 어떤 방식으로 해나가고 있나요?

A. 내 마음 듣기

'나'를 더 사랑하기

열한 번째 일요일

어떤 일이 하고 싶다면, 일단 해보자. 해보고 나면

어떤 식으로든 우리는 달라져 있을 테니까. 결과가

아니라 그 변화에 집중하는 것, 여기에 핵심이 있다.

김연수, 《소설가의 일》 중에서

필사

'나'를 더 사랑하기

열두 번째 월요일

Q. 내 마음 묻기

'왜' 살 것인가보다 '어떻게' 살 것인가에 집중하세요.

오늘 하루(혹은 이 글을 하루가 끝나는 시점에 작성 중이라면

내일) 어떻게 살아볼 예정인가요? 특히 나의 긴장과

스트레스, 불안과 우울 등 정신적 피로감을 감소시켜줄

수 있는 활동 1가지를 포함해 적어보세요.

예시

- 퇴근 후 강아지와 산책을 하겠다.

- 엄마에게 전화해 목소리를 오래 들어야지.

- 따뜻한 물에서 음악 들으며 반신욕 하기.

A. 내 마음 듣기

'나'를 더 사랑하기

열두 번째 화요일

Q. 내 마음 묻기

자신감과 자존감이 바닥을 쳤다고 느껴질 때 스스로를

돌보는 방법을 알고 있나요? 그럴 땐 주로 무엇을 하며

마음을 다스리나요?

A. 내 마음 듣기

'나'를 더 사랑하기

열두 번째 수요일

Q. 내 마음 묻기

어른이 된 지금도 충분히 성장할 수 있다고 믿으시나요?

우리는 죽을 때까지 성장할 수 있고, 그래야만 합니다.

나에게 배려 깊은 사랑과 신뢰를 보내주세요.

내 나이가 33살이든, 42살이든 내 안의 내면아이와

함께 무럭무럭 자라날 테니까요. 그렇다면 나를 꾸준히

자라게 할 수 있는 활동에는 무엇이 있을까요?

나를 나답게 살게 하는 창의적이고 생산적인 도구들을

떠올려보세요.

예시

● 매일 아침 일찍 좋은 글을 필사하며 하루를 맞이한다.

● 매달 사진 동호회에 나가 아름다운 풍경 사진을 찍으며

자연과 함께 호흡한다.

A. 내 마음 듣기

열두 번째 목요일

Q. 내 마음 묻기

내가 하고 있는 일(직업) 혹은 앞으로 하고 싶은 일을

떠올려보세요. 왜 지금 그 일을 하고 있나요?

혹은 앞으로 하길 원하나요? 그 일을 통해 얻고자 하는

것은 무엇인가요? 지금 내가 하는 일에 만족하고

기쁨을 얻으며 살고 있나요?

A. 내 마음 듣기

'나'를 더 사랑하기

열두 번째 금요일

Q. 내 마음 묻기

정서 조절을 잘하는 사람은 '기분이 태도가 되지 않기에'

일, 관계, 취미, 건강관리 등 모든 면에서 원하는 목표를

이루고 꾸준히 해나갈 가능성이 큽니다. 당신은 정서

조절에 능한 편인가요? 매번 기분이 태도가 되지는

않는지 돌아보시기 바랍니다. 그렇다면 정서 조절을

위해 배우고 싶은 기술 목록에는 무엇이 있나요?

예시

- 실망스러운 내 모습도 감싸 안아주는 법

- 너무 빨리 흥분하지 않는 법

- 유머 감각을 유지하는 법

- 상대의 의미 없는 한마디에 하루 기분을 망치지
않는 법

- 현재에 집중하고 경험 그 자체를 온전히 즐기는 법

A. 내 마음 듣기

열두 번째 토요일

Q. 내 마음 묻기

《돈의 속성》을 쓴 김승호 회장은 부자가 되는

길은 3가지밖에 없다고 단정적으로 이야기합니다.

상속받거나, 복권에 당첨되거나, 사업에 성공하거나.

누구나 '사업을 한번 해볼까?'라고 생각한 적이 있을

거예요. 만약 여러분이 사업을 시작한다면 어떤 분야의

사업을 어떻게 하게 될까요?

재미있게 상상하며 적어봅시다.

A. 내 마음 듣기

'나'를 더 사랑하기

열두 번째 일요일

만약 시작할 곳이 어디인지를 모른다면,

다른 누군가를 어떻게 도울 수 있는지에 대해

생각하는 것으로 출발점을 삼아보자. 만약 거기에서

비롯되어 단 1명에게라도 도움을 줄 수 있다면,

다른 사람을 도움으로써 생기는 삶의 실제적인

가치를 확인하게 될 것이다. 이것을 인식하게 될 때,

삶은 자연스럽게 더 많은 의미를 발견하게 된다.

제이크 듀시, 《오늘부터 다르게 살기로 했다》 중에서

필사

'나'를 더 사랑하기

오늘 하루를
빛나게 보내는 방법

✦ 아침에 눈을 뜨자마자 억지로라도 미소 지어보세요.
　온종일 웃을 일이 생깁니다.

✦ 조금 하기 싫지만 해야 하는 일을 딱 2가지만 완성해보세요.
　1년 뒤 삶이 완전히 바뀔 거예요.

✦ 3년 후 미래 내 모습을 딱 5분만 상상해보세요.
　그 긍정의 에너지가 나머지 시간을 생생히 깨어 있게
　만들어줍니다.

✦ 단 10분이라도 글을 써보세요.
　나와 마주하는 시간이 없었던 하루는 실패한 하루입니다.

✦ 매일 독서하며 내면에 잠든 위대한 전사를 깨우세요.
　죽을 때까지 성장하는 가장 멋진 방법입니다.

"삶의 조건은 단 두 가지다.

아주아주 행복하기,

곧 아주아주 행복해지기다."

마이크 둘리,

《우주를 여행하는 초보자를 위한 안내서》 중에서

인용 출처

12쪽   오은영, 《화해》, 코리아닷컴, 2019년

27쪽   엘리자베스 레서, 《부서져야 일어서는 인생이다》, 알에이치코리아, 2013년

28쪽   정혜신, 《당신이 옳다》, 해냄, 2018년

34쪽   줄리아 캐머런, 《아티스트 웨이》, 경당, 2012년

36쪽   찰스 두히그, 《습관의 힘》, 갤리온, 2012년

44쪽   마거릿 폴, 《내면아이의 상처 치유하기》, 소울메이트, 2013년

48쪽   마이크 둘리, 《우주를 여행하는 초보자를 위한 안내서》, 김영사, 2021년

52쪽   채환, 《인생을 바꾸는 100일 마음챙김》, 중앙북스, 2021년

60쪽   윤태훈, 《일단 나부터 실험할게요》, 마인드빌딩, 2019년

68쪽   다미 샤르프, 《당신의 어린 시절이 울고 있다》, 동양북스, 2020년

82쪽   정목스님, 《달팽이가 느려도 늦지 않다》, 수오서재, 2020년

84쪽   웬디 우드, 《해빗》, 다산북스, 2019년

85쪽   이범용, 《습관의 완성》, 스마트북스, 2020년

92쪽   스튜어트 프리드먼, 《와튼스쿨 인생특강》, 베가북스, 2015년

100쪽   고이케 히로시, 《2억 빚을 진 내게 우주님이 가르쳐준 운이 풀리는 말버릇》(만화편), 나무생각, 2018년

108쪽   김승호, 《돈의 속성》, 스노우폭스북스, 2020년

114쪽   사토 미쓰로, 《하느님과의 수다》, 인빅투스, 2015년

118쪽 라우라 지바우어 기타 야코프, 《매일, 조금씩 자신감 수업》, 시목, 2018년

134쪽 이범용, 《습관의 완성》, 스마트북스, 2019년

138쪽 웨인 다이어, 《인생의 태도》, 더퀘스트, 2020년

142쪽 황은정, 《무빙 세일》, 샨티, 2019년

146쪽 프랑크 베르츠바흐, 《무엇이 삶을 예술로 만드는가》, 불광출판사, 2016년

152쪽 김병수, 《나에게 어울리는 삶을 살기로 했다》, 여름오후, 2018년

154쪽 조연심, 《퍼스널 브랜딩에도 공식이 있다》, 힘찬북스, 2020년

156쪽 오은영, 《화해》, 코리아닷컴, 2019년

158쪽 클라우디아 해먼드, 《어떻게 시간을 지배할 것인가》, 위즈덤하우스,
        2014년

159쪽 황은정, 《무빙 세일》, 샨티, 2019년

168쪽 쉐럴 리처드슨, 《당신 자신을 위한 삶을 살아라》, 학원사, 2000년

176쪽 히스이 고타로, 다키모토 요헤이, 《마이룰》, 엘리, 2017년

190쪽 문요한, 《나는 왜 나를 함부로 대할까》, 해냄, 2022년

194쪽 허지원, 《나도 아직 나를 모른다》, 김영사, 2020년

204쪽 김연수, 《소설가의 일》, 문학동네, 2014년

216쪽 김승호, 《돈의 속성》, 스노우폭스북스, 2020년

218쪽 제이크 듀시, 《오늘부터 다르게 살기로 했다》, 연금술사, 2021년

221쪽 마이크 둘리, 《우주를 여행하는 초보자를 위한 안내서》, 김영사, 2021년

내 마음 묻기 내 마음 듣기

나를 이해하는 마법의 질문글쓰기 100

© 김애리, 2023

1판 1쇄 인쇄 2023년 11월 10일

1판 1쇄 발행 2023년 11월 24일

지은이. 김애리

펴낸이. 권은정

펴낸곳. 여름의서재

디자인. studio ftttg

등록. 제02021-92호

주소. 서울시 은평구 구산동 서오릉로 267

전화번호. 0502-1936-5446

이메일. summerbooks_pub@naver.com

인스타그램. @summerbooks_pub

ISBN. 979-11-982267-2-3 03190